PANORAMA

DE LA

VIE DE NAPOLÉON IER

PAR

M. TÉLÉMAQUE LAFONT

PROFESSEUR

DE PHILOSOPHIE ET D'HISTOIRE

AU COLLÈGE DE FOIX

FOIX

TYPOGRAPHIE ET LITHOGRAPHIE POMIÈS

M DCCC LXX

OBSERVATION

Cet opuscule a été commencé *le 15 août 1869*, anniversaire séculaire de la naissance de Napoléon Ier, et terminé au *2 décembre* de la même année.

PANORAMA

DE LA

VIE DE NAPOLÉON IER

PRÉSENTÉ SOUS LA FORME D'UNE PROPHÉTIE

QUI AURAIT ÉTÉ FAITE LE 15 AOUT 1769

JOUR DE SA NAISSANCE

Le 15 août 1769, un enfant était venu au monde dans une île qui ne figurait pas sur la carte des grands souvenirs historiques, dans une île où l'air est malsain, le sol pierreux et peu fertile, mais qui par bonheur pour elle et aussi pour nous, après avoir flotté un certain temps entre Gênes et la France, avait été enfin rattachée politiquement à notre patrie, et cela depuis un an. Ajoutons que l'enfant était né dans une petite ville, où cet événement était passé inaperçu. Bref, une noblesse d'origine, réelle sans doute, mais mystérieuse encore, un père et une mère portant l'un et l'autre, sans qu'on y prît garde alors, un nom d'heureux présage, voilà le seul éclat qui l'entourait, voilà son seul prestige au moment où il entrait dans la vie.

Franchissant d'un bond de notre pensée l'espace d'un siècle, transportons-nous devant son berceau. Là il nous semble qu'un homme doué de cette seconde vue et de cette seconde ouïe qui donnent la perception anticipée de l'avenir, s'approche du nouveau-né, cherche à lire toutes les phases de son histoire à travers les premières lueurs de l'aube de son enfance, et puis ébloui des splendides visions qui passent devant lui, fait éclater en ces termes son enthousiasme fatidique :

« Salut, salut à ce berceau ! Si humble et si étroit qu'il paraisse, il n'en est pas moins la couche natale d'une grande transformation européenne, et dans ces langes sont emmaillottées les destinées du XIXe siècle. C'est ici la source d'un fleuve immense qui, pareil au fécondateur de l'Égypte, arrosera la France entière de larges effusions de gloire et de prospérité, qui comblera de ses cataractes réparatrices les abîmes creusés par la plus subversive des révolutions ; mais ce Nil pacifique devenu, hors de son lit national, un courant impétueux et dévastateur comme une vague du déluge, débordera à flots de fer et de feu, mêlés d'un limon sanglant, sur toute l'Europe et même sur l'Afrique et l'Asie, escaladant les plus hautes montagnes du monde politique, renversant les forteresses les plus inexpugnables, emportant dans son cours des armées exterminées, charriant les trônes déracinés à son passage, entraînant dans une débâcle subite et générale les gouvernements et les peuples, même les plus solidement organisés.

Et maintenant, laissez-moi vous faire en détail l'autopsie prophétique de cet enfant. Ces yeux encore troubles et naïvement effarés auront un jour l'habitude de ces *illuminations soudaines* qui font deviner sur le champ de bataille les conditions de la victoire ; ils auront aussi cette clairvoyance ferme et subtile qui jauge à coup sûr le mérite des hommes, se fait jour à travers les plus obscurs secrets de la diplomatie, et sonde les mystères les plus profonds de l'ordre social : ils agiront au dehors comme deux centres magnétiques, qui attireront irrésistiblement et jusqu'au fanatisme les sympathies des masses armées, ou comme deux foyers électriques, dont les éruptions fulminantes feront pâlir et tomber à terre les plus superbes résistances ; et le sinistre froncement de leurs sourcils olympiens suffira pour ébranler l'Europe entière. — Cette bouche qui ne peut en ce moment que vagir les préludes plaintifs de la parole humaine, fera tonner des cris de guerre, des *quos ego* menaçants, des ordres souverains, qui gronderont dans les deux mondes, et auxquels répondront les longs roulements des canonnades, les cris de victoire des légions françaises, les sauve-qui-peut des armées étrangères et des vieilles dynasties mises en déroute ; et il viendra un moment où aux accents de cette voix dominatrice *toute la terre se taira*, comme autrefois elle se tut devant le grand Alexandre. — Ce front ceint maintenant d'un tout modeste bandeau, trouvera un jour trop étroites et trop simples pour lui les couronnes de roi qu'il laissera comme de frivoles bourrelets aux Majestés dans l'enfance ou en tutelle ; et le diadème impérial, pris dans l'auguste reliquaire de la dépouille de Charlemagne, ce diadème que nul Prince n'avait osé essayer en France depuis mille ans, sera seul assez large pour s'adapter au renflement colossal de ces tempes distendues par une exubérante ambition. — Cette tête qui sera, dès l'âge même de l'adolescence, *du granit chauffé au volcan* [1], se sentira de plus en plus travaillée au-dedans par l'activité d'une âme incandescente, au-dehors par la réverbération de l'incendie révolutionnaire ; là viendront bouillonner pêle-mêle les scories du passé, les gangues de l'avenir et la lave des événements contemporains ; des pensées vastes et profondes comme l'océan flotteront au-dessus pour élaborer la fusion unitaire de ces éléments hétérogènes, et tel sera le moule vivant où notre Démiurge social coulera d'un seul jet un nouveau monde façonné à l'image de son idéal de refonte nationale.

[1] Expression de Domairon, professeur de rhétorique à l'école militaire de Paris, au sujet des amplifications de son jeune élève Bonaparte.

— Ces mains encore si frêles et si novices qu'elles ne peuvent tenir même un hochet, vous les verrez tour-à-tour brandir une épée rivale de la foudre, et porter un sceptre qui dominera la France énormément agrandie sous la forme d'empire, fera courber devant lui tous les autres sceptres de la terre, et brisera, comme une massue brise un roseau, ceux qui ne voudront pas plier; — et de plus, entre les mille *travaux* de l'Hercule moderne, on citera le fait d'avoir, pour son début, assommé de son poing de géant je ne sais quel monstre appelé *République*, armé de myriades de têtes, et d'une longueur de deux ou trois cents lieues. Ajoutons que, pour se délasser de leurs royales ou héroïques fonctions, ces mêmes doigts si bien manieront la plume, qu'ils en feront jaillir, comme en se jouant, des chefs-d'œuvre d'éloquence militaire et des mémoires dont César eût été jaloux. — Ces pieds enfin, maintenant inertes et garrottés de langes, se mettront de bonne heure en marche pour une course aussi longue qu'infatigable, qui désormais donnera pour contre-partie au vagabond de la malédiction l'Ahasvérus de la gloire; ils fouleront, de manière à y laisser une empreinte ineffaçable, le pavé de toutes les capitales de l'Europe, les sommets des Alpes, les sables des déserts de l'Égypte, les neiges des steppes de Russie, les cendres de Moskow incendiée pour la réception du redoutable voyageur; je le vois courir à la victoire sur d'immenses jonchées de cadavres, à la domination universelle sur des tapis formés de manteaux de rois ; j'entends craquer sous le double pilon de ses bottes de géant les ruines des villes et des citadelles, les débris des trônes et des institutions séculaires ; et quand, dans le cours de son pélerinage triomphal, il voudra s'asseoir, il aura pour escabeau des têtes couronnées. »

Ici le devin fait une pause. Comme un homme qui cherche à démêler les détails d'une perspective complexe, il plonge un regard attentif et profond dans les lointains ondoyants et multicolores que l'avenir lui déroule à partir de ce berceau ; puis il continue en ces termes :

« D'après le thème natal que je viens de vous tracer, en consultant, au lieu des oracles de l'astrologie, les indices tirés de l'organisation de cet enfant, vous pourriez croire qu'il n'est guère prédestiné qu'à une mission destructive ; qu'il passera dans le monde, tel qu'un agent exterminateur chargé, comme Genséric le disait de lui-même, « de porter la guerre à ceux contre qui Dieu est irrité, » de flageller de son épée ou de son sceptre les rois et les peuples prévaricateurs, et de faire subir à la France elle-même sur les champs de bataille une sanglante expiation de ses erreurs et de ses désordres. Détrompez-vous comme moi : j'ai été surtout frappé, à une première inspection, des lignes menaçantes et des saillies formidables qui pronostiquent le génie de la guerre et la pléthore de l'ambition ; mais en regardant au-dessous ou à côté, je vois se dessiner des traits moins rudes et de plus heureux augure. Dans ce nouveau-né devenu homme, il y aura deux faces également extraordinaires. Sa nature tiendra à la fois de la foudre et du soleil : ici un feu qui brûle, renverse et pulvérise tout ce qu'il rencontre ; là des rayons qui éclairent, raniment et fécondent. Autant éclatera terrible la puissance du conquérant, quand il s'agira de frapper l'étranger, autant sera salutaire et vivifiante l'activité de l'administrateur, dans le grand œuvre de la régénération de ses peuples ; et c'est sous ce dernier aspect que j'ai maintenant à vous raconter son avenir, condensé pour moi entre les quatre murs de sa chambre natale.

Voilà notre Napoléon Bonaparte jeté, bien jeune encore, au beau milieu « d'une société qui est en poussière, » suivant une de ses expressions. Le trône des rois de France qui vous semble inébranlablement implanté sur les assises de ses treize siècles de durée, ce trône le plus vieux et aussi le plus glorieux de tous, est tombé après deux ou trois soubresauts d'un tremblement de terre produit par des idées nouvelles ; et à sa place s'est dressé tout-à-coup, savez-vous quoi? Un échafaud, où je ne sais quel monstre inconnu de notre temps tranche une tête à chaque dentée de sa mâchoire d'acier. — Là une trinité de royales victimes, jetée en proie à ce hideux bourreau, est venue recevoir le sacre douloureux d'une mort sanglante ; et chargée d'achever par une exécution plus complète encore toute la monarchie française, une bande d'hyènes à face humaine, profanant de ses fouilles brutales le palais funèbre de Saint-Denis, au mépris de la triple majesté du diadème, du tombeau et de l'autel, s'est ruée sur la dynastie des cadavres, pour leur faire subir le supplice posthume de l'anéantissement ! Mais il faut encore cumuler ces deux manières de régicide par un long et vaste massacre de l'élite de la nation. A cette fin, l'échafaud, une fois debout, reste en permanence pendant deux ans, et du haut de l'horrible *montagne* tombent sans cesse des cascades de sang humain, des avalanches de têtes illustres et innocentes. Seules régnent alors l'Anarchie et la *Terreur*. Mœurs et lois, institutions et constitutions, débris de l'ancien régime, ébauches du nouveau, tout cela gît sur un sol mouvant, en tas énormes sur lesquels piétinent avec furie des hordes de destructeurs, réserve des invasions barbares sortie à l'improviste des bas-fonds de la civilisation moderne. Eh bien ! c'est avec ces gravois informes, délayés dans des mares sanglantes, qu'il s'agit de rebâtir au plus vite l'édifice du pouvoir et de l'ordre social ; et l'architecte qui viendra à bout de ce tour de force monumental, le voici devant nous. — Il met résolument la main à l'œuvre. Employant au besoin son épée en guise de pic, de doloire et de truelle, il creuse, il déblaie, il nettoie, il polit, il redresse, il cimente, il étaye ; il ajuste des matériaux neufs fournis par les ateliers de l'époque aux vieux restes des âges précédents et même de l'antiquité romaine, toutefois en débarrassant ceux-ci de leur croûte surannée et en rajeunissant ces anachronismes ; il équilibre la liberté par l'autorité, enchâsse dans l'égalité générale une noblesse issue du mérite, entable sur une république la monarchie restaurée ; et il coordonne le tout dans une large et symétrique synthèse. C'est ainsi que son génie reconstructeur édifiera sur un terrain bouleversé par tant de secousses et encombré de tant de ruines, deux *monuments* qui, pour emprunter les expressions du poète de Rome, *dépasseront* l'un *la pérennité de l'airain*, l'autre *la royale stature des pyramides* [1]. Ce dernier sera une nouvelle organisation gouvernementale aux proportions grandioses et à la puissante structure, présentant dans son ensemble une sorte de grande forteresse impériale entourée, comme d'*ouvrages avancés*, de royaumes ou de principautés feudataires, et ayant pour garde d'honneur une brillante aristocratie, qui a gagné ses titres de noblesse sur les champs de bataille. L'autre chef-d'œuvre sera un code, grande charte de l'ordre social et des relations civiles, qui finira peut-être par devenir un jour le phare législatif de l'Europe et de

[1] Odes d'Horace.

tout le monde civilisé ; monument qui survivra pour longtemps à la haute fortune de son auteur, et qui doit immortaliser sa mémoire bien mieux que toutes ses conquêtes.

Maintenant je vais vous montrer sous d'autres faces la féconde et infatigable activité de ce nouveau César dont on pourra dire à plus juste titre encore que de l'ancien :

Nil actum reputans, si quid superesset agendum [1].

Sans doute, pour satisfaire aux exigences de ses préoccupations martiales, il fera d'abord de la France une immense place de guerre, ayant sur toute la ligne de ses frontières, comme prolongement ou comme doublure de ses retranchements naturels, une formidable armure défensive de remparts et de batteries, tandis qu'à l'intérieur, approvisionnée d'inépuisables munitions, veille, l'arme au bras, une garnison innombrable, toujours prête à repousser les assauts de toute l'Europe ou à faire de triomphantes sorties sur le sol de

[1] Le lecteur pourra remarquer dans ce *panorama*, que diverses œuvres présentées comme intégralement accomplies sous Napoléon Ier, n'ont été réellement achevées qu'après lui. Mais nous rappellerons à ce sujet, tout en réservant la part de ses continuateurs, qu'ici le principal honneur lui revient, puisqu'il a *commencé*, et que le reste était déjà réalisé dans ses *plans* intérieurs. On sait d'ailleurs qu'il en est à peu près de la perspective prophétique comme de la perspective visuelle. De même en effet que, dans le lointain de l'espace, les objets voisins l'un de l'autre se confondent sous les apparences de la contiguïté, de même dans le lointain du temps, des faits successifs peuvent bien se condenser, pour le *voyant* de l'avenir, sous la forme d'un ensemble simultané.

l'étranger. Mais un si vaste génie ne se tiendra pas caserné en quelque sorte dans une sphère exclusivement militaire ; il est fait pour des visées à la fois plus nobles et plus utiles. Il voudra que la France devienne aussi, par sa prospérité et sa splendeur sous tous les rapports, l'archétype glorieux du monde civilisé. Ce sera en effet un corps gigantesque mais bien proportionné, dont les membres autrefois incohérents et, pour ainsi dire, disloqués par suite des divisions provinciales, formeront désormais un seul tout composé de parties similaires, comme les *homœoméries* d'Anaxagore, et fortement reliées entre elles par les tendons d'une autorité vigoureuse et par des communications faciles, sans compter que pour maintenir l'unité de ce vaste ensemble, il y aura encore au plus haut degré la mise en pratique de la solidarité nationale, de la fraternité civique et de la centralisation administrative. Au sommet de ce puissant organisme s'élèvera Paris, comme une tête radieuse projetant sur toute la France, et de là sur le reste du monde, l'expansif éclat de son auréole. On a nommé cette ville « la seconde Babylone. » Si l'on entend par là la considérer comme la moderne métropole de la dissolution morale, ce nom ne serait qu'un sobriquet infamant qu'elle pourrait bien renvoyer à quelques autres grandes cités ; mais elle le méritera sous un plus noble rapport et à plus juste titre par ses magnificences qui en feront la reine sans rivale du monde entier [1] et, en un mot, « la Capitale » par excellence. On dirait en effet que son nouveau Souverain, pour la rendre digne de lui et de son peuple, l'a rebâtie en l'agrandissant sur la mesure de sa taille de géant, et en meublant de décorations assorties la ville qui doit être le palais national de notre *belle France*. Aussi me semble-t-il que si le défunt Louis XIV revenait faire une dernière tournée dans son Paris restauré, il aurait peine à le reconnaître et serait aussi jaloux qu'émerveillé de sa métamorphose. Il y trouverait d'abord, comme pour servir de porte d'entrée à des hommes de la stature du colosse de Rhodes, un arc-de-triomphe, le plus large et le plus haut qui ait jamais été érigé, quelque chose enfin comme un arc-en-ciel pétrifié, où se réfléchit, sous les formes de la sculpture, le spectre solaire des souvenirs d'une rayonnante époque. Plus loin, le funèbre pélerin, dans une station à l'église des Invalides, admirant, en connaisseur émérite, les glorieux ombrages d'une forêt de drapeaux faits prisonniers, ne pourrait s'empêcher de s'écrier en lui-même : « *Quand j'étais roi* [2], on disait au passage du maréchal de Luxembourg : *Place au tapissier de Notre-Dame !* mais aujourd'hui c'est à moi

[1] Soit dit, bien entendu, sans porter atteinte aux droits de Rome, gardant toujours incessible et indivise sa sainte primauté dans ce *royaume qui n'est pas de ce monde*.

[2] Parole de Louis XIV mourant.

de dire à son ombre : Place à un décorateur qui en vaut cent comme toi ! » — Se remettant en marche, le nocturne visiteur aurait encore à s'arrêter avec complaisance devant un *temple* destiné primitivement à la *glorification* des vertus guerrières, mais qui, par une heureuse transfiguration, sera plus tard dédié au saint héroïsme de la pénitence ; monument qui apparaîtra au milieu de la moderne Athènes comme une des plus grandioses évocations de l'ancienne architecture grecque, et dont le portail de bronze, le premier du monde par ses dimensions, serait digne, comme l'a dit Michel-Ange de celui du baptistère de Florence, de décorer *l'entrée du Paradis* lui-même.

Arrivé au milieu d'une place voisine, l'ombre du *roi-soleil* reculerait de stupeur à la vue d'une colonne qui, au premier abord, lui aurait offert un certain air de parenté avec celle de Trajan, mais qui lui semblerait ensuite écraser son aînée aussi bien de la hauteur de sa gloire que du poids de ses quatre millions de livres; géante toute bardée de plaques d'airain provenant de 1200 canons enlevés à l'ennemi, et où se déroule en effigie, sur une spirale de 850 pieds de longueur, l'ascension triomphale d'une armée de héros. De tous les points de ce trophée sans rival, l'auguste spectateur entendrait, en prêtant l'oreille, sourdre le dernier râle de ce millier de foudres étouffées sur le champ de bataille, et puis refondues pêle-mêle au fourneau de la victoire; et au sommet il croirait voir tous leurs éclairs d'autrefois rallumés ensemble et condensés en un seul foyer, comme la mèche flamboyante d'un candélabre de plus de 130 pieds de hauteur dressé pour une veillée de Titans. Ailleurs, il reconnaîtrait encore la trace d'une main puissante dans diverses constructions, entr'autres dans le trait d'union monumental tiré entre les Tuileries et le Louvre, pour compléter l'œuvre qu'il avait commencée lui-même. Et enfin, le somnambule-fantôme, après avoir achevé sa ronde dans le nouveau Paris, se dirait à lui-même, en battant des mains : « Oui, voilà le rêve que j'avais fait de mon vivant, le voilà devenu une réalité! Il paraît que depuis mon règne, il y a eu en France un autre *grand siècle*, et ici un homme qui savait aussi bien que ma défunte Majesté, faire *son métier de roi...* »

Mais ce n'est pas assez. Le futur génie de cet enfant s'occupera de remanier et de transformer la France entière, pour la mettre en harmonie avec la cité qui concentre et résume à sa plus haute expression la vie et l'activité nationales. Disons mieux: il voudra que tout l'Empire soit un digne prolongement de lui-même, et comme un double colossal de sa puissante personnalité. A cette fin, plus d'un milliard sera efficacement consacré à des travaux d'embellissements ou d'utilité publique. Le sol est sillonné de routes et de canaux, ramifications multipliées et savamment entrelacées pour faire circuler dans tous les sens l'exubérante sève de la grande évolution régénératrice. Les plus formidables résistances de la nature sont vaincues à deux extrémités du territoire. A l'Est, de même qu'autrefois Xerxès, dans un vain et ridicule caprice de despotisme, faisait mettre aux fers et fustiger la mer elle-même, notre héroïque dompteur, avec plus de succès et surtout plus de raison, vient à bout d'asservir les Alpes, en les marquant au front, comme les esclaves antiques, de trois longues et larges incisions, qui traversent le Simplon, le Saint-Gothard et le mont Cenis, et permettent au voyageur de fouler littéralement aux pieds l'orgueil de ces hauteurs jusque-là inexpugnables à l'attaque du pionnier. Au Nord, renouvelant le travail exécuté par l'Hercule macédonien, lorsqu'il pava le détroit qui séparait Tyr de la terre-ferme, et rivalisant avec la puissance déployée par les éléments eux-mêmes, lorsqu'ils construisirent la *chaussée des Géants*, l'Alexandre moderne se met, pour créer un port à Cherbourg, à claquemurer la mer par un immense rocher fabriqué de main d'homme.

Dans une région d'une autre nature et non moins féconde en naufrages, il accomplit un tour de force plus colossal encore : il comble ce gouffre des finances, béant depuis si longtemps, et où la fortune publique avec les fortunes privées menaçait de s'engloutir dans une banqueroute définitive et universelle. Au moyen de sages combinaisons qui réparent, autant que possible, les sinistres du passé et sauvegardent les intérêts de l'avenir, il refait la lumière, l'ordre et la sécurité au milieu d'un cahos qui, sous les gouvernements précédents, avait été maintenu tel quel par l'inertie de l'impuissance, ou même agrandi par l'activité pire encore du génie de la désorganisation.

D'un autre côté, toutes les branches du commerce croissent, se multiplient et fleurissent avec une vigueur et une fécondité jusqu'alors inconnues.

L'industrie nationale, prenant un nouvel élan, se met à marcher de prodiges en prodiges, de prospérités en prospérités, au pas gigantesque de son guide, et sous le stimulant de cette voix impérieuse qui lui crie sans cesse : en avant ! du même ton qu'elle sait si bien faire éclater, aux jours de combat, pour éperonner les masses militaires et leur inoculer cette *furia francese*, présage certain de leurs triomphes. Jaloux d'affranchir ses États du tribut qu'ils payent à l'importation des produits exotiques, l'habile réformateur organise au-dedans la grande *armée* du travail, et, au besoin, il ira chercher au-dehors des recrues expérimentées et des instructeurs consommés. C'est avec ses brigades d'ouvriers, avec les munitions et les engins sortis de ses arsenaux nommés ateliers ou manufactures, et sur un champ de bataille tout pacifique, qu'il fait de loin une guerre permanente et des plus lucratives aux forces industrielles de l'étranger, et surtout de l'Angleterre, qu'il essaie même d'étouffer dans les vastes étreintes d'un *blocus continental*.

La littérature *elle-même*, qui à la fois débilitée par la dégénération du goût, gangrenée d'immoralité, et enfiévrée d'irréligion, avait achevé de mourir dans la grande crise de la Révolution, cette convulsive agonie de notre XVIIIe siècle, la littérature s'est ranimée soit sous l'énergique excitant des grands événements de l'époque, soit aux rayons de cet astre impérial qui, par son influence générale, et en quelque sorte par ses reflets, par le contre-coup de sa chaleur, allume ou attise le génie chez ceux mêmes qui ont tourné le dos au pouvoir pour se jeter dans la voie solitaire de l'indépendance.

Les beaux-arts, qui depuis leur asservissement aux modes frivoles et à l'esprit sensuel de la Régence et du règne de Louis XV, ne faisaient plus que végéter, flasques, pâles et fades, efféminés et rapetissés, vont se retremper dans une étude sévère de l'antique, ou, ce qui vaut bien mieux encore, puiser leurs inspirations dans les eaux vives et toujours fraîches de cette grande *fontaine de Jouvence* qu'on appelle la Nature; en sorte qu'ils ont part, eux aussi, à cette nouvelle *renaissance* qui s'opère en faveur des belles-lettres, leurs sympathiques compagnes.

Mais les sciences surtout sont efficacement encouragées par l'intelligente protection et les généreuses récompenses d'un Souverain qui s'honore de fraterniser avec les savants, qui, pour compléter la virile toilette de sa gloire, allie aux lauriers militaires et à la couronne impériale les *palmes* d'académicien, et qui, le premier, aura l'heureuse idée d'adjoindre à la conquête guerrière une *expédition scientifique*. Aussi, sous son règne, le vaste empire de la Nature est exploré en tous les sens par d'intrépides et habiles éclaireurs, qui ouvrent de plus larges horizons aux connaissances humaines, fouillent toutes les profondeurs de la création ou s'élancent à ses extrêmes hauteurs, pour en contempler les merveilles et en expliquer les mystères. Les uns s'en vont à la découverte dans les plus lointaines régions du firmament, arpentent l'immensité, et tracent les lois de la *mécanique céleste;* les autres descendent avec la lampe de l'histoire ou de la géologie dans les sombres souterrains des temps primitifs, et, nécromanciens d'un nouveau genre, évoquent par la seule puissance de leur génie les nations défuntes et même le monde antédiluvien. Ceux-ci dirigent leurs *recherches physiologiques* sur les arcanes de *la vie et de la mort*. Ceux-là enfin s'attachent à populariser les théories des savants, en les faisant passer de leur aristocratique solitude dans le domaine de l'utilité publique et des applications industrielles. En un mot, si le XIXe siècle doit céder au XVIIe

siècle dans l'arène littéraire et artistique, il prendra du moins sur son rival une éclatante revanche par sa supériorité scientifique.

C'est ainsi qu'au-dessus de toutes les zônes où se développera l'activité intellectuelle de la nation sous la puissante impulsion de son premier moteur, je vois se lever des pléiades d'hommes illustres appelés à éclairer leur époque, et puis à faire rayonner au loin dans l'avenir leur renommée et leur influence. Mais quel brillant spectacle vient encore s'offrir à mes regards ! L'Empire français tout entier me semble transformé en une sorte de firmament terrestre, diapré d'étoiles ambulantes. Signes honorifiques du courage militaire, ou des vertus civiques ou de la science ou du génie soit littéraire, soit artistique, soit même industriel, elles décorent les membres d'une nouvelle chevalerie organisée en *Légion d'honneur*. Au lieu de se fractionner en constellations distinctes, ces astres du monde social, égalisés par le mérite, quoique à des titres divers, viennent encore s'allier et s'unir plus intimement dans la confraternité de la gloire; et tous ensemble gravitent autour du trône impérial, foyer radieux qui double l'éclat personnel de chacun d'eux, en le surdorant de ses reflets rémunérateurs.

Mais parmi les grandes choses qui doivent un jour être accomplies par ce nouveau-né, voici, ce me semble, le chef-d'œuvre de ses chefs-d'œuvre, voici le plus beau fleuron de la couronne morale que lui décernera le suffrage universel de la reconnaissance de ses contemporains et de l'admiration des âges futurs. Il faut d'abord que je vous annonce des faits incroyables pour vous, et même pour moi, témoin anticipé de ces monstrueux phénomènes. Savez-vous ce qui se passera avant un quart de siècle dans cette France qui a mérité à si bon droit d'être appelée le *royaume très-chrétien ?*... Notre sainte religion y sera frappée d'une proscription sanglante pendant une autre ère dioclétienne. Après avoir exécuté comme en effigie l'autorité divine dans la personne de son roi, la nation qui est « la fille aînée de l'Église », ira plus avant encore dans la *voie scélérate* du déicide, en faisant passer sur sa sainte mère les roues sacriléges de son char révolutionnaire ! Dieu sera *mis hors la loi*, puis outrageusement réhabilité par un dérisoire certificat d'*existence*, et ses prêtres seront traînés en prison, jetés sur les chemins de l'exil, ou même on les enverra, comme on dira alors, *célébrer la messe rouge* à l'autel funèbre de l'échafaud. Pendant ce temps-là les temples seront saccagés, et puis fermés... que dis-je ! ils se rouvriront pour être profanés par une infâme restauration de l'idolâtrie.... Mais attendez; laissez venir le réparateur de ces immenses attentats où la hideur de l'*abomination* vient mettre le sceau à l'horreur de la *désolation ;* laissez venir le réconciliateur de l'Église et du peuple apostat ; et ici, félicitons notre patrie d'hier pour l'efficace influence qu'elle exercera au point de départ de cette heureuse réaction. En effet, tandis que cet enfant, grandi en âge et surtout en renommée, promènera ses armes victorieuses à travers l'Italie, sans doute cette atmosphère religieuse qui circule partout dans cette autre Terre-Sainte, lui apportera une bonne inspiration, comme une brise venue du ciel, et dès-lors germera dans sa tête féconde la première pensée d'une grande et salutaire réintégration [1]. Une fois de retour en France, non content de rappeler les exilés politiques, il songe encore et surtout aux plus augustes victimes de la Révolution. Il veut lever cet étrange interdit dont elle avait osé frapper Dieu lui-même, ce sublime proscrit qui n'ayant, dans son royaume de prédilection, *aucune pierre* d'autel *pour se reposer*, avait été forcé d'émigrer dans les cieux; il veut ressusciter cette noble Église de France que de dignes précurseurs de l'Antechrist espéraient avoir enterrée sans retour sous les décombres de l'ancienne société. A cette fin, il commence par renouer la vieille chaîne si violemment brisée, qui attachait la grande nation à l'anneau de Saint-Pierre; et puis, nonobstant les protestations sarcastiques ou sérieuses des traînards du philosophisme et

[1] Après la victoire de Marengo (1800), Napoléon fit chanter un *Te Deum* dans la cathédrale de Milan, et, au sortir de la cérémonie, il informait officiellement le cardinal Gonzalvi de son désir de négocier avec le Pape l'importante affaire du rétablissement en France du culte catholique.

de l'athéisme politique, il va, avec ses faisceaux consulaires, qui bientôt deviendront en ses mains le sceptre de Charlemagne, il va, dis-je, frapper aux portes des temples, en criant *qu'on laisse rentrer le Roi de gloire* dans ses palais tour-à-tour envahis par l'intrusion d'un sacerdoce bâtard ou hantés par le spectre du paganisme sous le nom de la *Raison* humaine ; et enfin au *Te Deum* solennel entonné sous les voûtes de Notre-Dame, la France entière recatholicisée répond par un triomphal *Hosannah* en l'honneur de son Christ retrouvé, et aussi par un *vivat* reconnaissant adressé au restaurateur de son culte... »

Ici le révélateur des futures destinées de l'enfant s'arrête et garde un moment le silence. Ses yeux paraissent se rembrunir et se détourner, comme sous l'impression d'une pénible rencontre ; puis, reprenant l'exposé de son horoscope sur un ton d'hésitation et de malaise, qui pourtant va se raffermissant par degrés, il continue en ces termes :

« Maintenant il faut bien que je l'avoue. Dans cette figure dont les traits sont si majestueux, et le teint si vivement enluminé de l'éclat du génie, il y aura aussi çà et là des plis irréguliers, et des sortes d'éphélides produites soit par le hâle de la brûlante atmosphère du climat contemporain, soit par les ardeurs intérieures d'une ambition trop exaltée. En d'autres termes, j'entrevois dans cette héroïque carrière des défaillances, des faux pas, des entraînements et des aberrations regrettables. C'est ce que je me garderai bien de vous dissimuler, sachant bien que la franchise du blâme sert de garantie à la sincérité de l'éloge, et que dans un tableau, les teintes sombres ont pour effet de faire mieux ressortir les parties éclairées. Mais après tout, cherchez parmi les illustrations humaines du premier ordre, parmi les œuvres d'ici-bas les plus admirables, combien il en est qui soient parfaites sous toutes les faces, ou qui même puissent se maintenir telles sous une seule face sans déclin ni intermittence. Vous savez d'ailleurs à quels vertiges sont naturellement exposés les hommes qui marchent sur ces hautes cîmes de la puissance, bordées de tant de précipices, et de quels aveuglements peuvent être frappées les âmes habituées à se mirer au soleil de la gloire. Quoi qu'il en soit, si j'aperçois par intervalles des points noirs à mon horizon prophétique, ils semblent vouloir échapper aux regards en s'abritant derrière les grandes masses de lumière qui préoccupent et fascinent mon attention, en sorte que l'ensemble d'une vie si radieuse m'éblouit tellement que je ne saurais bien discerner moi-même ni vous préciser ce qui se rencontre de défectueux dans les détails.

Mais s'il y a eu des fautes commises, il y aura aussi une expiation éclatante; il y aura de plus, conformément à une loi mystérieuse, ces pénibles épreuves qui viennent mettre le sceau à la gloire, et la consacrer définitivement *avec je ne sais quoi d'achevé que le malheur ajoute aux grandes âmes* [1]. Pour emprunter les propres expressions de notre héros, *les grands hommes sont comme des météores qui brillent et se consument pour éclairer la terre* [2], c'est-à-dire que ces météores vivants éclairent le monde moral non moins par la splendeur de leur génie que par la fulgurante lueur de leur chute et de leur châtiment. »

A ces mots, le visage de l'enfant paraît s'assombrir tout-à-coup, comme si l'ombre d'un avenir sinistre se projetait déjà sur la sérénité de son aurore. Il pousse des vagissements plaintifs, où l'on croit entendre l'écho de lugubres rumeurs qui lui viendraient des lointains de sa destinée ; puis il râle un long cri d'effroi, comme à l'aspect de fantômes d'événements futurs, qui lui feraient peur, en se dressant devant lui.

Et le devin se penchant vers son berceau d'un air compatissant : « Va, pauvre enfant ! lui dit-il ; pleure et tremble d'avance à ton aise : cela t'est permis maintenant ; car *alors* tu ne pourras pleurer, soit que le *triple airain qui entoure le cœur* des héros tels que toi, empêche les larmes de transsuder au-dehors, soit que la source même en ait été complétement tarie par la foudre qui t'aura frappé. Alors aussi tu ne pourras *trembler*, parce que tu ne saurais le

[1] Bossuet, *orais. fun.*

[2] Mémoire composé par Napoléon encore lieutenant, et couronné par l'Académie de Lyon.

faire autrement que *de froid* [1]; parce que la terreur qui marchera devant toi dans toute l'étendue de ta belliqueuse carrière, ne se retournera jamais, pas même à la fin de ta course, pour te regarder de son œil de Méduse. »

Puis continuant de s'adresser aux assistants: « Il me reste donc, dit-il, à vous retracer une nouvelle phase de la vie de notre grand homme; et celle-ci, à côté des précédentes, va former le contraste d'une sombre soirée d'orage, arrivant à la suite des splendeurs brûlantes d'une journée d'été.

Après avoir pendant plusieurs années, *marché au milieu de sa gloire* [2], après avoir impétueusement parcouru et reparcouru l'Europe en tous les sens, lutté dans cent combats contre des résistances sans cesse renaissantes, frappé à tour de bras des coups qui ont broyé des armées, enfoncé des barricades de trônes, aplati des nations, mis en morceaux puis reforgé des royaumes, et fait trembler les deux mondes de leurs vibrations, le terrible voyageur, harassé d'une si longue course et de si rudes labeurs, suant les restes de son sang vaporisé par une ébullition continue, et pliant sous le faix énorme de ses lauriers, commence à chanceler, à glisser, mais toutefois sans se laisser choir, et sans vouloir même se donner le temps de respirer. Voilà que d'un côté le vent

[1] Allusion au mot de Bailly.
[2] Mémoires de Cambacérès.

du *Sud* et de l'autre le vent du *Nord* soufflent sur lui les présages menaçants d'une catastrophe prochaine, et ces deux courants orageux vont arrêter et refouler en dedans la brûlante transpiration de sa gloire. Au-delà des Pyrénées, c'est un royaume qui, d'abord conquis, se transforme ensuite en un vaste champ de bataille, et semble, dans un élan général de désespoir, s'arracher de ses fondements, pour retomber de tout son poids sur nos soldats victorieux : seulement ces derniers pourront dire à leur Empereur : « Nous avons été vaincus; mais *tu n'y étais pas.* » Là-bas au contraire, sous ses yeux mêmes, l'armée la plus nombreuse que la France ait jamais lancée contre ses ennemis, cette armée jetée toute vivante au milieu d'un bûcher où flambe une ville entière, n'échappe au gigantesque auto-da-fé de la patriotique vengeance des Moscovites, que pour aller s'ensevelir dans un immense tombeau de neige et de glace.

Et alors, lasses de subir la domination de « cet homme dont le poids pesait à l'Europe entière, » suivant l'expression d'un de ses rivaux [1], et le voyant enfin trébucher à plusieurs reprises, les puissances étrangères se redressent dans un suprême effort, et s'ébranlent toutes à la fois pour aller donner une poussée décisive à l'Encelade vacillant. Depuis le rocher de Gibraltar jusqu'aux monts Ourals

[1] Le général Moreau.

éclate un cri général : « Aux armes ! aux armes ! sus à Buonaparte ! » Et il se fait dans le monde politique un mouvement qu'on n'avait pas vu depuis la première croisade ; il s'y passe quelque chose de semblable aux antiques révolutions du monde physique : c'est le cataclysme d'une coalition européenne, ce sont des masses humaines qui se soulèvent comme des montagnes volcaniques avec des éruptions de mitraille, de boulets et de bombes. Et à qui en veulent ces populations extravasées ? Contre qui marche cette ligue d'armée, qui compte plus d'un million d'hommes ? Contre la France. Je me trompe, il s'agit d'un duel gigantesque de l'Europe contre un seul homme ; mais c'est que celui-ci est à lui seul fort comme tout un monde. Si l'on s'attaque à son peuple, c'est qu'on espère étouffer l'Empereur sous les débris de l'Empire. Voici donc maintenant que notre héros va clôturer ses nombreuses expéditions par la *campagne de France.* Pour faire face de tous côtés à l'invasion, il semble se multiplier sur divers champs de bataille, comme s'il était doué du privilége d'une magique ubiquité, ou que ses pieds eussent la célérité de l'éclair, de même que son bras a la vigueur de la foudre. En quelques jours, il accumule prodiges sur prodiges ; il court de victoire en victoire ; il frappe sur les ennemis des coups redoublés et précipités, pour démanteler et pulvériser ces vivantes et mobiles forteresses, hersées de bayonnettes, crénelées de canons, mais qui sans cesse, *réparant leurs brèches* [1] et se rapprochant les unes des autres, resserrent de plus en plus autour de la Capitale leurs longues lignes de circonvallation, pour acculer ainsi l'indomptable assiégé dans ses derniers retranchements.

Enfin le moment est venu où, à bout de forces, et abandonné par son heureuse fortune mise hors d'haleine et prise de vertige à le suivre dans cette dernière course, le héros pour la première fois... tombe; et les vainqueurs s'étonnent, et en quelque sorte s'épouvantent de leur succès. Gare à vous en effet ! car ce géant qui n'est foudroyé qu'à demi pourrait bien dans sa chute écraser encore une de vos armées ou effondrer quelque royaume. Qui sait même si l'on ne verra pas le Samson moderne, ramassant après sa défaite les restes vivaces de sa puissance pour se revancher par un coup de maître, saisir à deux mains, dans un paroxysme de désespoir héroïque, les colonnes de son Empire demeurées encore debout, le faire crouler en masse sur tous ces peuples attablés au banquet du triomphe, et s'enterrer ainsi avec eux sous les colossales ruines de la France ?... Qu'ils se tranquillisent toutefois. Napoléon a compris qu'il fallait céder... au moins pour le moment. Il entend ses amis eux-mêmes dire, comme autrefois l'écrivait François Ier, que pour lui « tout est perdu, fors

[1] Bossuet, *orais. fun.*

l'honneur; » mais il ajoute à voix basse : « et aussi fors l'espérance, » autre reste de sa fortune, qu'il ne veut pas plus *abdiquer* que sa gloire. En attendant, cet aigle qui de l'immense envergure de ses ailes ombrageait la moitié du monde, se résigne bon gré mal gré à les reployer et à se laisser encager à l'étroit, sous le nom de roitelet, dans un îlot voisin de notre Corse, et bien plus petit encore. Mais notre Empereur démissionnaire, tout en jouant son rôle dans la parodie microscopique de sa vaste domination d'autrefois, a su se faire de sa retraite insulaire un poste d'observation. C'est de là qu'il épie jour et nuit tout ce qui se remue en France, qu'il ausculte toutes les rumeurs de l'opinion publique qui viennent aboutir à ce coin de terre, devenu pour lui *l'oreille de Denys*. Il se tient prêt en un mot, mais sans en avoir l'air, à saisir au passage l'occasion la plus favorable pour son retour.

La voici ; et même ce moment est si tôt venu que, par suite de la distance de mon point de vue à l'événement, le conquérant tombé me semble rebondir presque coup sur coup, comme la bombe qui ricoche en touchant le sol. Il part de son île, avec quelques centaines d'hommes, pour une expédition où il ne s'agit de rien moins que de reprendre la France et de relever son trône impérial, nonobstant le *veto* formidable de tous les potentats européens et de leurs armées. Mais cette fois, ce ne sera plus la terreur qui battra la générale à son approche ; ce ne seront plus de sanglants abattis de soldats, ni des ruines fumantes qu'il laissera derrière lui, comme un lugubre *memento* de son passage. Le magique ascendant qu'il a conservé sur ses anciens compagnons d'armes, voilà le pionnier qui se chargera de frayer sa voie triomphale ; les ombres des souvenirs glorieux de l'Empire, qui planent devant lui en sonnant au loin l'enlevante fanfare du réveil et de l'espérance, voilà l'invincible renfort de son unique bataillon ; voilà son avant-garde d'honneur. Dès-lors on verra, sur toute la ligne de son itinéraire, des masses de soldats, entraînées à sa suite par son magnétique prestige, venir grossir sans cesse de nouveaux affluents le ruisseau de sa petite armée, et former ainsi un torrent aussi large qu'impétueux, tandis que les populations échelonnées sur sa route lui feront une longue escorte sonore de leurs clameurs enthousiastes. Aussi, traduisant à sa manière le *veni, vidi, vici* de son antique rival de gloire militaire et d'éloquence, il pourra s'écrier dans une de ces magnifiques proclamations que savait si bien fulminer son génie : « La Victoire marchera au pas de charge; l'aigle impériale volera de clocher en clocher jusqu'aux tours de Notre-Dame. » Le voilà en effet déjà remonté sur son trône ; et, à peine assis, il songe à compléter sa restauration personnelle par celle d'une puissance qu'il avait cru jusque-là devoir traiter en ennemie, et dont il veut maintenant se faire une auxiliaire. Cette puissance, c'était la liberté. « Je l'ai écartée, dira-t-il lui-même, lorsqu'elle obstruait ma route[1]. » Il faut encore ajouter qu'à l'entrée de sa carrière, il l'avait vue se démener autour de lui sous un extérieur des plus sinistres et avec les allures les plus sauvages : coiffée à la cannibale d'un bonnet couleur de sang, affublée, pour achever sa hideuse mascarade, de la hure féroce et de l'ignoble accoutrement de l'anarchie, et, pour célébrer dignement les saturnales de la Révolution, bondissant, la hache à une main et la torche à l'autre, sur sa *montagne* formée de débris de trône, d'autels et d'hécatombes humaines. Il n'est pas étonnant d'après cela qu'il ait trouvé bon de la tenir étroitement, jusqu'à nouvel ordre, en état de séquestre. Du reste, s'il lui avait mis des entraves et des menottes, elles étaient faites de lauriers; et pour dédommager les Français de l'interdit jeté sur leur idole, il leur avait largement donné l'ordre public, la sécurité intérieure, la prépondérance militaire au-dehors, et toutes les autres splendeurs de l'ère impériale. Mais il a compris enfin que la redoutable captive avait eu le temps, pendant sa disgrâce, de s'amender, de cuver le vin sanglant des orgies républicaines, de reconquérir enfin sa dignité naturelle; et alors *libertas... longo pòst tempore venit.* Il inaugure en effet un nouveau mécanisme de gouvernement, où l'autorité du Souverain aura pour

[1] Paroles adressées à Benjamin Constant, et citées par lui dans ses *Mémoires sur les Cent-jours.*

contre-poids l'autonomie nationale, où les rouages représentatifs du peuple français pourront se mouvoir avec assez de latitude dans l'action de l'initiative et assez d'énergie dans la réaction du contrôle. Maintenant donc le grand homme va se remettre en marche dans une voie plus belle et plus sûre, en ayant désormais, pour s'appuyer, une seconde compagne de route, et la plus solide : il va, d'un puissant élan, monter à l'apogée de sa grandeur, en donnant le bras, d'un côté à la gloire, de l'autre à la liberté... Mais en travers de ses plans rénovateurs se projette une question menaçante ? Aura-t-il le temps et les moyens de les mettre à exécution ? Si Bonaparte propose, voilà l'Europe qui s'oppose, et finalement Dieu qui dispose, en *confondant*, comme dit Bossuet, *la sagesse humaine toujours courte par quelque endroit* [1]. Or écoutez ce qui va survenir. — Réveillés en sursaut par l'étrange nouvelle du retour de l'Empereur, qui éclate *comme un coup de foudre dans un ciel serein* [2], sentant alors trembler au bruit de ses pas triomphants la soi-disant *terre-ferme* de leur domination, et voyant l'ombre formidable du géant de la France s'allonger encore sur toute l'étendue de leur vieux monde, les Souverains étrangers ont poussé tous à la fois un cri d'alarme ; et de nouveau la coalition s'est levée en masse, et

[1] *Discours sur l'histoire universelle.*

[2] Expression de William Temple, en parlant de l'invasion de Louis XIV en Hollande (1672).

onze cent mille combattants vont reprendre les armes contre *lui* seul ! Notre héros ainsi forcé de se redresser de toute sa hauteur, au moment où il venait de se rasseoir pacifiquement sur son trône, et ne voulant pas attendre dans ses états une nouvelle visite de l'ennemi, s'élance d'un bond aux frontières, pour lui barrer le passage. Improvisateur de toute sorte de prodiges, *il n'a eu*, comme le disait Pompée, *qu'à frapper la terre du pied pour en faire sortir des légions;* si bien que dans une suprême éruption de la fécondité militaire d'un sol qui semblait épuisé par tant de levées, six à sept armées ont jailli à la fois, soit pour défendre la France, soit pour déborder encore à l'étranger. — Et déjà leur auguste généralissime a déchargé sur les troupes anglo-prussiennes, avant-garde de l'armée européenne, plusieurs coups de sa grande épée, comme autant de preuves écrasantes que, malgré les années et les violents travaux de la guerre, *le vieux bras de l'Empereur* [1] ne s'est ni raccourci ni énervé. Je vois même que profitant du moment où le bloc mouvant de l'invasion est partagé en deux, il va, par une dernière explosion de son génie, en finir avec elle, en pulvérisant, l'une après l'autre, ces deux masses de chair et de fer... Mais ô déception inopinée ! O effroyable revirement de la fortune des armes ! Le même doigt qui a tracé aux grandes eaux *les limites où devait*

[1] Mot de Napoléon en 1815.

se briser leur orgueil, avait aussi écrit sur un monticule inconnu jusque-là ces deux mots à l'adresse de ce vivant tourbillon de feu qui allait reprendre sa course à travers l'Europe : *usquè hùc venies, et non procedes ampliùs !...* C'en est fait. C'est là qu'une armée de braves *meurt*, parce qu'*elle ne se rend pas*, dans une suprême mais impuissante convulsion d'héroïsme ; c'est là que l'homme en qui la Victoire semblait s'être incarnée retombe enfin, pour ne plus se relever ; c'est là que la foudre est à son tour foudroyée !

Au moment où le Titan succombe, on peut craindre que la France, associée par une solidarité sympathique à ses luttes et à toutes les chances de sa fortune, ne soit aussi entraînée à sa suite dans le gouffre creusé par une telle chute. Déjà même certains exécuteurs des hautes-œuvres de la politique parlent de renouveler sur la nation vaincue le supplice de l'écartellement, que trois bourreaux portant couronne feront subir, comme vous le verrez avant la fin de ce siècle, à une héroïque sœur de notre nouvelle patrie... Mais rassurons-nous. Un démenti ne sera pas donné par l'ambition ou la vengeance de nos ennemis à cette devise monétaire si heureusement adoptée par notre futur empereur : « *Dieu protége la France.* » Oui, Dieu la sauvera des atteintes meurtrières de cette dernière coalition, comme il l'a sauvée du marteau d'Attila, du cimeterre d'Abdérame, des griffes du léopard britannique, des serres du vautour allemand, et de la peste morale du Protestantisme.

Il est vrai qu'il faudra bien qu'elle se ressente un peu du désastre de son chef, par une sorte de choc en retour. Toutefois, elle en sera quitte pour quelques humiliations infligées à sa dignité nationale, pour quelques mutilations opérées à ses frontières ; ajoutons qu'elle sera assez largement rançonnée, et enfin placée pour trois ans sous la surveillance de cent cinquante mille garnisaires. — Mais voici le grand responsable, celui qui est de son propre fonds assez riche en grandeurs et en capacité de souffrir pour achever de payer les dettes de la France avec la sienne, celui qui est moralement assez robuste pour supporter, comme un nouvel Atlas, le poids énorme de la vindicte européenne...

J'aperçois dans le double lointain du temps et de l'espace, à la quarante-sixième année après celle-ci, à trois mille lieues de la France, et à cinq cents de tout pays habitable, une île qui ressemble à la nôtre sous certains rapports, mais plus aride et d'une physionomie plus sauvage. Eh bien ! ce sera là la dernière étape des campagnes du général Bonaparte ; ce sera le funèbre pendant de sa terre natale. Appréhendé au corps comme *perturbateur du repos du monde*[1], accapareur de toutes les gloires, coupable au premier chef et avec récidives sans nombre de

[1] Déclaration faite par les Souverains alliés, réunis au congrès de Vienne (1815).

lèse-majesté envers tous les potentats de l'Europe, de pactes faits avec la Victoire, d'effraction des portes de toutes les capitales, d'ensorcellement de la France par le prestige de son génie, etc., il est déporté sous bonne escorte dans ce triste lieu d'exil. Lui qui, comme Juvénal l'a dit d'Alexandre, *étouffait à l'étroit entre les limites du monde*, le voilà désormais confiné dans cette bastille, que la Nature, il est vrai, semble avoir construite tout exprès en vue d'un hôte géant, en la cerclant de murailles hautes de huit à douze cents pieds, dures et noires comme le fer, en creusant en bas pour fossé le bassin d'une des plus larges mers ; et tout cela renforcé, par les précautions humaines, d'un multiple cordon de bataillons, de bouches à feu et de vaisseaux placés en sentinelle. Là en effet le captif de l'Europe a pour geôlier tout un peuple, ou, si l'on veut, le gouvernement anglais, qui de près ou de loin le gardera nuit et jour de manière à ne lui laisser d'autre issue que par le pont-levis de la mort. Du reste, la prison si bien adaptée à la taille du détenu, paraît encore lui avoir été prédestinée par des affinités d'un autre genre. Cette île, c'est une roche basaltique rejetée, comme une épave colossale, par un de ces estuaires de fonte qui tempêtaient au-dessous des mers, lors des antiques insurrections de la Nature ; et le prisonnier, lui aussi, n'est-il pas un jet de vivante lave, figé aujourd'hui comme l'autre, mais sorti autrefois tout bouillant du foyer de nos agitations politiques? Il y a là, en un mot, deux volcans éteints dignement enchâssés l'un dans l'autre,

Et ces deux grands débris *s'harmonisent* entr'eux.

Et puis, l'exilé n'a-t-il pas devant lui l'Océan pour s'y regarder comme dans un miroir on ne peut mieux approprié à son usage? Il contemple en effet dans cette ondoyante étendue sans horizon une image mobile de l'immensité maintenant stagnante de sa gloire passée; dans ces insondables profondeurs où dorment les restes de tant de navires, une représentation de l'abîme de ses pensées, encombré des tristes débris du naufrage de sa fortune; dans ce majestueux désert, une répétition de cette auguste solitude morale que l'adversité a faite autour de lui, cependant que la grande armée des vagues, en le saluant de ses longues acclamations, semble lui apporter les échos solennels des lointaines sympathies de ses contemporains et des futurs applaudissements de la postérité.

Mais il va trouver aussi dans les épreuves de l'infortune, comme je vous l'ai annoncé précédemment, au dehors un moyen souverain d'exhaussement pour sa grandeur historique, et, ce qui est bien plus important, un salutaire ferment d'épuration intérieure.

Maintenant que le riche diadème de son autorité impériale est en morceaux, maintenant que s'est éclipsée totalement cette auréole de foudres qu'y avait ajoutée la Victoire, il lui reste à ceindre les modestes et sombres bandelettes de la victime, pour se recouronner d'une manière bien plus noble et bien plus durable devant Dieu et même devant les hommes. En savourant à loisir tous les regrets de la déchéance et de l'expatriation, toutes les amertumes de la captivité, l'illustre condamné a eu le temps de reconnaître, à l'exemple de son aïeul en gloire, le grand Salomon, que « tout est vanité, affliction d'esprit, et que rien n'est permanent sous le soleil. » Il se trouve ainsi prédisposé à suivre encore le conseil donné par *le Sage*, et dont ce cri de découragement n'était que le mélancolique prélude. Lui qui jusque-là n'avait jamais tremblé devant aucune puissance et qui, faute d'avoir jamais eu de supérieur en ce monde, ne savait pas ce que c'est qu'obéir, il en vient enfin à comprendre que le comble de la vraie grandeur, c'est d'oser « craindre Dieu » et d'avoir le courage « d'observer ses commandements. » Lui qui *se connaissait* si bien *en hommes*, il proclame devant les fidèles courtisans de son infortune, que certainement *le Christ n'était pas un homme.*

Mais si la longue pénitence qui lui a été imposée par ses ennemis a besoin d'un complément, s'il manque quelque chose encore à la réparation de ses fautes, les dernières journées qu'il passera en ce monde vont le lui apporter et le mettre à même de consommer sa réhabilitation intérieure. La Mort, en lui envoyant son avant-garde de souffrances, et en dressant à son chevet des signaux menaçants, la Mort amène le grand tacticien d'autrefois à effectuer, au moment de la crise finale, un mouvement de *conversion* du côté de l'Éternité, à se débarrasser de tout bagage terrestre, et à ne chercher que là-haut les auxiliaires et les dernières *munitions* que réclame son âme en détresse. Alors les cloches de son pays natal, dont le son faisait toujours vibrer une fibre sympathique au plus intime de la mémoire de son cœur, ces mêmes voix d'entre ciel et terre qui avaient fêté de leurs salves joyeuses son baptême et sa première communion, il croit maintenant les ouïr encore, comme si elles lui adressaient par-dessus les mers et les intervalles du temps les échos de leurs sonneries lointaines, expirants sur le ton mélancolique d'un suprême adieu, où tintent à la fois les pieux souvenirs du passé et les immortelles espérances de l'avenir. A cet appel mystérieux, son âme reporte un regard tendre et soumis sur cette *religion catholique dans laquelle il est né*[1], mais qu'il avait souvent perdue de vue dans son ascension aux sommets des grandeurs humaines et sous le coup des éblouissements de la gloire; — *et* Romam *moriens reminiscitur*. Oui, il se ressouvient avec une émotion saintement patriotique et filiale de cette Rome qui

[1] Paroles de Napoléon, lorsqu'il exprimait, aux approches de la mort, sa volonté de réclamer les secours de l'Église.

est notre métropole sacrée, et de cet auguste vieillard contre qui il avait malheureusement recommencé l'ancienne *lutte de l'Empire et du Sacerdoce.* Ce gladiateur couronné qui autrefois, dans le grand amphithéâtre de l'Europe, avait abattu à ses pieds tant de rois et tant de nations, le voilà qui *salue* humblement, *au moment de mourir,* le pacifique *César* qui porte la tiare ; et celui-ci répond en lui tendant de loin une main miséricordieuse, d'où s'envolent à la fois son absolution paternelle et sa bénédiction apostolique, c'est-à-dire les deux ailes d'une colombe invisible qui vient déposer sur les profanes lauriers du héros agonisant le mystique olivier de la *paix du Seigneur.* — Et ici, mes amis, vous serez heureux et fiers d'apprendre que notre chère Corse présidera à ce dernier acte de la vie de notre Napoléon. Elle y apparaîtra en effet sous les traits symphatiques et les vêtements sacrés d'un prêtre originaire de cette île, et représentant ainsi auprès du mourant sa terre natale en même temps que la céleste patrie ; car il sera l'intermédiaire de sa réconciliation avec l'Église, et comme son adjudant à l'heure de son suprême combat avec la Mort et ces sombres ennemis d'outre-monde qui viennent assaillir l'homme au terme de la *milice terrestre.* »

Arrivé à ce point de son récit, le narrateur de l'avenir laisse tomber sur l'enfant un regard alourdi par une morne stupeur, et murmure lentement les paroles suivantes, qui s'échappent avec effort de sa poitrine oppressée, comme du creux d'une tombe :

« C'en est fait ! ô lugubre métamorphose ! ce berceau me semble à présent changé en une couche funèbre; ces langes sont devenus un linceul;... ce nouveau-né m'apparaît cadavre..., et sous les grâces printanières de cette vie tout fraîchement éclose, à travers ce sourire encore à son aurore, je vois percer les teintes affreusement fanées et le sinistre refrognement du trépas... Ce même homme qui a été comme une incarnation de l'activité de la flamme et du bruit du tonnerre, qui si longtemps s'est promené par le monde, en y réalisant le mouvement général et perpétuel, il gît maintenant glacé, muet, immobile !... il est mort ! c'est-à-dire qu'après une lente agonie de six années, il vient d'achever de mourir... »

Puis, relevant son regard abattu et sa voix affaissée, l'orateur poursuit en ces termes : « Mais aussi, le voilà enfin délivré de sa double captivité. En même temps que son âme a vu tomber les chaînes et les verrous d'un corps à la fois usé par la douleur physique, et calciné sourdement par la fièvre des peines morales, l'ex-détenu a gagné aussi à son évasion de ce monde, de n'avoir plus à subir le *qui-vive !* insolent des gardes de son autre prison. Maintenant donc que *le rappel a battu là-haut* [1] pour

[1] Paroles du maréchal Soult assistant aux funérailles d'un des anciens généraux de l'Empire.

lui-même, ce grand capitaine qui dominait au champ d'honneur comme une sorte de demi-dieu, est allé, en simple soldat, prendre rang à son tour dans l'inévitable revue que fait passer aux morts le dieu *Sabaoth*. Espérons, mes amis, que cette suprême inspection ne lui sera pas défavorable, parce que son âme pourra s'y présenter avec une armure retrempée dans le baptême de l'agonie et fourbie par l'action épuratrice de la souffrance. Espérons d'ailleurs que celui qui a rappelé de l'exil et réhabilité l'Église de France proscrite par la Révolution, ne verra pas lui-même la déchéance et la déportation que lui avait infligées l'Europe, renouvelées et aggravées encore là-haut par la réprobation divine et la mise au ban de l'Empire céleste. Je pourrais ajouter que cet enfant, qui a eu le bonheur de naître en ce jour même où nous fêtons l'immortelle renaissance et l'intronisation de Marie, est prédestiné à mourir dans le beau mois dédié à cette grande reine du monde et surtout de la France; et n'avons-nous pas lieu de croire que sa tombe se trouvant abritée, comme son berceau, sous une si propice influence, en ressentira les heureux effets?... Mais de cette sphère surnaturelle redescendons aux choses de la Terre.

Au même instant où Napoléon expirait, j'entendais le canon des forts annoncer, suivant l'usage, à son île, l'heure de la retraite du soleil, en sorte que ces mêmes salves signalaient, à leur insu, au reste du monde et au XIXe siècle, le coucher de l'astre le plus éclatant qui ait jamais brillé sur l'horizon de la sphère politique. C'était là, vous en conviendrez, le glas le plus en harmonie avec le caractère de l'illustre guerrier, et que sonnait elle-même, sans le vouloir, l'Angleterre, la geôlière de sa prison. Ce n'est pas tout : on dirait que la Nature a tenu à saluer aussi ce triste événement par de solennelles démonstrations. Un mois avant la catastrophe, elle a fait là-haut flamboyer une comète à longue chevelure, comme une torche funèbre allumée dans les cieux aux approches de la mort du César moderne, de même qu'on avait vu autrefois apparaître une de ces sinistres messagères avant l'assassinat du César ancien [1]. Puis c'est un violent ouragan des tropiques qui semble arriver tout exprès au dernier jour de notre Empereur, pour chanter dans une symphonie formidablement lamentable, à l'intention du géant défunt, le *dies iræ* de l'atmosphère et de l'océan. Enfin, quand la lugubre nouvelle aura retenti en Europe, un noble représentant de cette Albion qui fut la plus jalouse rivale de Napoléon vivant [2], ne pourra s'empêcher de faire jaillir en plein Parlement, à travers toutes les rancunes britanniques, une magnifique oraison funèbre condensée dans ce mot sublime : « l'univers porte le deuil d'un héros ! »

[1] La remarque sur cette coïncidence fut faite par Napoléon lui-même.

[2] Lord Holland.

Dès-lors, en effet, la gloire du grand homme a pris un essor nouveau et plus ascendant que jamais. Elle va planer à ces hauteurs mystérieuses de l'histoire où les illustrations du premier ordre s'agrandissent de plus en plus dans la perspective des temps, et s'embellissent à mesure sous les reflets prestigieux d'une lumière idéale. Maintenant que la terreur et l'envie ont cessé, l'admiration seule survit, et l'ombre même de la mort surajoutée aux nuages de l'infortune ne servira qu'à faire mieux ressortir ce halo d'immortels souvenirs qui environne l'*étoile* impériale. De leur côté, les puissances ennemies peuvent respirer à l'aise, n'ayant plus sur la poitrine cette sorte de cauchemar dont les oppressait l'idée seule que leur captif avait encore un reste de vie, et que l'ex-conquérant, quoique frappé de *mort* politique, était capable de *revenir* quelque jour, en entrechoquant ses chaînes, à la manière des spectres rôdeurs, pour sonner en France contre l'étranger le tocsin de la *vendetta* nationale, prélude d'une nouvelle guerre européenne.

Repose donc maintenant en paix avec Dieu et avec les hommes; *repose,* auguste et cher défunt, non pas hélas ! suivant tes derniers vœux, *sur les bords la la Seine*, *au milieu du peuple français,* non pas dans ta ville natale, mais dans une île des plus lointaines, et encore sous le poids d'une terre ennemie. Continue ainsi ton exil même dans ton cercueil, sur lequel l'Angleterre a mis le scellé d'une proscription nécrophobe et l'embargo de ses arrière-représailles. Résigne-toi de même, si ta pierre tumulaire reste anonyme. N'as-tu pas, comme l'a dit un antique historien, *toute la terre pour tombeau* [1], et à sa surface une épitaphe monumentale formée des œuvres matérielles que tu as laissées après toi partout où tu as passé, une épitaphe vivante faite avec les indélébiles empreintes que ta renommée a creusées dans la mémoire du genre humain ; double inscription qui couvre toute l'étendue de la France, et dont les lignes colossales débordent encore sur les cinq parties du monde ?......................

....

Mais qu'est-il donc arrivé depuis la scène funèbre que je vous ai retracée tout à l'heure ?... Quelle péripétie inespérée !... Napoléon n'était donc pas bien mort ? je le vois en effet qui, vingt ans après, sort de sa prison insulaire, et glisse tranquillement à la surface des flots pour regagner les rivages de France ! Eh quoi ! Ne craint-il pas de rencontrer en travers de sa route l'Adamastor britannique, qui ne manquera pas de crier au captif de nouveau en rupture de ban : « On ne passe pas ! » — Mais non ; car c'est lui-même qui a bien voulu amnistier tous les exploits du condamné, et délivrer l'exéat, voire même le sauf-conduit du retour, à celui qui jadis n'était, à son point de vue, que l'in-

[1] Ἀνδρῶν ἐπιφανῶν πᾶσα γῆ τάφος. (Thucydide, *Discours funèbre de Périclès*).

corrigible contrebandier de la gloire. L'Europe non plus n'a pas lieu cette fois d'avoir peur; elle n'a nul besoin d'échelonner sur ses côtes quelque deux millions de soldats pour empêcher la descente du revenant. Ah ! c'est que le grand guerrier dort encore, et tant il est fatigué de ses anciens labeurs et puis du repos forcé de sa détention, qu'il ne se lèvera plus qu'au réveil sonné par la trompette du dernier jour. S'il s'est rembarqué pour la France, il n'en fait pas moins ce voyage d'outre-tombe sous le noir pavillon de la Mort; il n'en a pas moins pour hamac un triple cercueil, et la nef qui le ramène n'est qu'un pompeux catafalque. *L'océan étonné de se voir traversé* une seconde fois *en des appareils si divers et pour des causes si différentes*, l'océan semble se faire plus doux et moins bruyant sur le passage du morne navigateur. Comme s'il voulait rendre les honneurs militaires à son frère en majesté et à son émule en puissance, il le fait porter en triomphe sur le dos des vagues respectueuses, entre les deux abîmes de l'eau et du ciel; et pendant toute la traversée, ses grondements baissant de ton, grâce à l'absence des tourmentes, simulent ce roulement sourd que les tambours voilés font entendre aux obsèques des guerriers. Puis, il transmet son funèbre dépôt à la Seine, que le héros avait invoquée dans les patriotiques aspirations de ses derniers moments. De là le convoi impérial se continue dans un nouvel océan formé par l'immense affluence des populations, et partout il provoque sur son passage, comme une magnifique tempête, les explosions de l'enthousiasme national. Après une absence de vingt-cinq ans, le défunt exilé fait sa rentrée dans sa capitale, sur un char monumental rappelant celui qui servit autrefois à la translation des cendres du Napoléon macédonien. Ce véhicule mortuaire de l'Alexandre de la France, roulant dans la *voie triomphale* que borde un million d'hommes, n'avance que lentement, comme s'il était surchargé de la masse énorme de tant de gloires et de tant d'événements gigantesques, entassés, comme un splendide bagage de souvenirs, autour de l'auguste cadavre. Enfin, au milieu d'une sorte de cataclysme sonore, où éclatent à la fois et se prolongent dans une confusion sublime les voix formidables des canons qui, comme s'ils reconnaissaient leur maître, saluent son retour de leurs rugissements, — la symphonie guerrière des tambours, des trompettes et autres instruments, réunis pour donner la sérénade de la mort à l'ombre du plus grand des capitaines, — les rumeurs sympathiques et les acclamations exaltées qui partent du vivant estuaire de la foule, pour fêter le funéraire avénement de l'Empereur, — et aussi les volées solennelles des cloches qui font monter vers le ciel le *requiem* de la prière, et adressent en bas l'*ave* de la gratitude à l'ancien restaurateur du culte catholique, — le voilà qui arrive à la dernière station de ce long pélerinage commencé au tombeau de l'exil pour se terminer au tombeau de la réhabilitation. Il va reprendre son repos jusqu'à la suprême journée de la France, c'est-à-dire du monde, dans un mausolée grandiose et durable comme la renommée du défunt, et sous les voûtes du temple qui semble, par son caractère spécial, le plus digne d'être ici-bas la royale tente du Seigneur considéré comme *Dieu des armées*. Là de nombreux drapeaux, linceuls eux-mêmes de belliqueux souvenirs, forment le dais funèbre du sarcophage triomphal; là aussi, pour veiller l'illustre mort, il y a une garde d'honneur composée de demi-fantômes, c'est-à-dire des restes survivants de ses héroïques collaborateurs, des glorieux traînards de ses quarante armées; et au milieu du morne silence qui règne dans sa lugubre retraite, on croit entendre chuchoter mystérieusement autour de lui les vagues échos de toutes les batailles qu'il a autrefois livrées, et de tout le bruit qu'il a fait dans le monde. C'est ainsi qu'environné de toutes les pompes terrestres du trépas, et couronné, à son dernier sacre, de cyprès bénits par les reflets de la lampe du sanctuaire, il semble encore trôner dans ce tombeau que protége de son ombre l'autel de l'éternelle Majesté. [1] — En même temps, au dehors de son Louvre funéraire, et au centre du bruyant tourbillon de la grande cité, Napoléon revit, avec l'auréole de l'immortalité plastique, dans sa statue, qui reproduit ses traits augustes et jusqu'à son costume légendaire. Il est là de-

[1] Voir à la lettrine A, page 53.

bout, stylite monumental, au sommet de l'immense fût de bronze composé de ces volcans éteints, trophées de ses victoires, et fidèlement gardé à sa base par les aigles impériales. Bien mieux encore et avec une réalité plus imposante il va se survivre à perpétuité dans cet infrangible et vaste miroir de l'histoire, où le monde du passé se réfléchit et se multiplie indéfiniment. Là, la grande image de Napoléon rayonnera, comme une sorte de parélie incomparable, dans le cycle de ces astres majeurs de l'humanité, les uns fulgurants, les autres sereinement lumineux, qui s'appellent Ninus, Sémiramis, Sésostris, Rama, Salomon, Nabuchodonosor, Cyrus, Alexandre, Annibal, César, Trajan, Constantin, Clovis, Charlemagne, Gengis-Khan, Tamerlan, Charles-Quint, Soliman, Gustave-Adolphe, Pierre Ier et Louis-le-Grand. Ajoutons que, même dans les traditions orales des nations, sa mémoire se propagera avec une largeur et une intensité à laquelle aucune autre renommée terrestre ne pourra s'égaler. Ce sera, pour emprunter une comparaison en harmonie avec mon sujet, comme l'explosion d'un canon immense, explosion tellement éclatante qu'elle assourdira la France entière jusqu'aux moindres bourgades, que de là elle rebondira par toute l'Europe, roulera d'échos en échos au milieu des ruines de l'Égypte, sous les tentes des arabes et sous les huttes des indiens d'Amérique, sur les glaces polaires et derrière la grande muraille de la

Chine, en projetant ses ricochets sonores par-dessus les plus hautes montagnes, en traversant les déserts et les mers les plus vastes, et en faisant encore vibrer de ses dernières rumeurs les îles les plus lointaines des tribus sauvages : répercutée en outre avec non moins de puissance dans la sphère de la durée, et sans cesse grossie par les amplifications populaires, elle prolongera son retentissement solennel depuis le XIXe siècle jusqu'aux extrêmes profondeurs des âges futurs.

En résumé, voilà comment le petit enfant qui maintenant gît dans ce berceau, deviendra un jour, suivant le mot d'un de ses admirateurs [1], *grand comme le monde !* »

Après ce dernier élan d'enthousiasme, le devin se tait, en restant comme écrasé sous le poids des émotions toujours croissantes qu'il vient d'éprouver, à l'apparition de tant de merveilleux événements se succédant coup sur coup. Mais pendant qu'il déroulait l'étrange exposé de son thème généthliaque, ses auditeurs, hochant la tête ou souriant d'un air d'incrédulité, murmuraient en eux-mêmes : « Hyperbole ! extravagance ! hallucination ! Cet enfant-là sera peut-être tout simplement le paisible secrétaire de son grand oncle l'archidiacre d'Ajaccio, ou tout au plus un brave officier, héritier du courage du général Paoli. » Enfin ils se retirent en se disant entr'eux, pour

[1] Kléber, à l'époque de la campagne d'Égypte.

résumer à leur tour leurs impressions : « *Quel rêve !* » — *et c'était le destin* [1] de Napoléon Ier.

Tout ce rêve est devenu une réalité !!!

Et ce que nous venons d'énoncer sous une forme prophétique, s'est accompli aux yeux du monde entier, qui croyait et qui croit encore rêver en le contemplant.

FIN

A — Nous avons célébré dans le poëme latin suivant, à l'époque où elle a eu lieu, la translation des cendres de Napoléon, de Sainte-Hélène à Paris. Nous publions ici ce poëme pour clore et compléter notre *Panorama*.

NAPOLEONIS

CINERES IN GALLIAM REDEUNTES

POEMA

.... Si tempora prima
Victoris timuêre minas, nunc excipe, *(Roma)*, saltem
Ossa tui Magni........ Transibis in urbem,
Magne, tuam. (*Lucain* ; Pharsale, chant VIII).

Terra suum quatuor per lustra revolverat orbem,
Ex quo funebrem, suprema palatia, fossam
Inclytus hic miles subiit, qui nomine mundum
Implet, adulantes qui reges vidit in aulâ.
Obrutus hostilis graviori pondere terræ,

[1] Lamartine, *Méditations*.

Magnus Napoleo notum quod Sequana lambit
Deflebat littus, populumque vocabat amatum.
Nequicquàm!... Regum invidia et formido superstes
(Tanta-ne defunctis adeò sævire libido!)
Haud habuêre satis Corsum cecidisse gigantem,
Atque adamanteo vinciri compede mortis.
Mulctatur feretrum exilio, pœnamque sepulto
Continuare juvat: tumuli sic anxia custos,
Unus ubi edormit mortem in frigente cubili,
Excubias egit viginti Europa per annos.
Gallia sed tandem, impatiens ingrata vocari,
Umbræ exaudivit captivæ flebile murmur.
Napoleone suo dudùm viduata, querentes
Vult Manes placare viri, cineresque reposcit.
Annuit, et prædam, satis ulta, Britannia reddit.
Ergò sepulturæ nuper de sede profundâ
Sensit Napoleo ferale tremiscere marmor,
Nudatoque sinu mox terra effossa dehiscit.
Tunc subitò excussus superimpendente veterno,
Erigitur caput, et primùm conterritus heros
Fortè diem venisse putat, quâ magna tonet vox,
Vox monumentorum confringens undiquè portas,
Et Mortis clamans per subterranea regna:
« Surgite, defuncti populi regesque, sepulcris! »
Napoleo, nil tale tibi mundoque tremendum:
Æternus nondùm tenebrosa silentia rumpit
Arbiter, ut Manes summum citet ante tribunal.
Nempè suum nunc posteritas tibi prædicat æqua
Judicium, et populi clamor, ceu numinis echo,
Ante diem, sanctum tumuli penetrale recludens,
Extorrem seros ad honores evocat umbram.
Eruitur sic ille latens in pulvere vili
Thesaurus, feretrum tegitur quo gloria tanta.
Vix autem arcano irradians splendore tenebras
Funereas, latebris emersit, humoque rapaci,
Spectantûm primò stetit admiratio muta.
Indè piis manibus pondus venerabile navi
Mandatur, quæ Francigenûm decus atque futurum
Palladium optatas patriæ traducat ad oras.
Illa triumphali cursu famulantia culcat
Æquora, quà nostri captivam *Cæsaris* olim
Fortunam exilio protraxit inhospita puppis,
Indignante mari Nemesi servire britannæ.
Jàm procul hinc video nostris navale sepulcrum

Portubus allabens. Immensâ plebe redundant
Littora, quæ longo reducem clamore salutat.
Ossibus his adeò magnetica vis latet hærens,
Quæ moles hominum rapit, et quâ corda trahuntur !
Urbs quam Reginam veneratur Gallia et orbis,
Obvia te plenis effunde, Lutetia, portis !
Induperator adest, serò post fata reversus !
Pro mundi imperio, tibi quæ patrimonia liquit,
Non solium, at tumuli munuscula quærere venit.
Pullato in curru desuetos ecce triumphos
Mortuus integrat, fidamque regreditur urbem,
Ut quondàm exuviis populorum oneratus opimis,
Sub pedibusque terens diademata victa, redibat.
Sed nunc haud veteres dignoscas civibus hostes,
Quorum turba frequens studio affluxêre videndi.
Extinctis odiis fovet admiratio sola
Pectora, et unanimis celebratur plausibus heros,
Cujus iners nunc ensis, heri cœleste flagellum
Tundebat stratos reges, gentesque fugabat.
Acclamant pariter redeunti voce fragosâ
Hæc tormenta, quibus tonuit per prælia victor;
Æraque sacra simul, toties lassata jubente
Napoleone pias deferri ad sidera grates,
Nunc solemne viri per funera lamentantur.
Nec minùs altisonis adjunctæ his luctibus, unâ
Voce lyræ vatum feralia festa celebrant :
Quas inter nimiùm felix mea, si modò dignum
Quid sonet, in letho gavisa quod audiat umbra !
  Magnificæ intereà ventum est ad limina sedis,
In quâ gens annis laurisque gravata quiescit,
Sed fovet effœto ferventem in corpore mentem.
Vivæ quæ steterunt post prælia mille ruinæ,
Ante curule ruit veterana caterva feretrum,
Insuetisque genas lacrymis perfusa seniles,
Cæsareos Manes, jàmjàm *moritura, salutat.*
Structor honorifici Magnus Lodoïcus asyli
Obvius ipse venit, cognatamque excipit umbram
Umbra pari decore effulgens per nubila lethi.
Denique pompa subit funebris bellica templa
Gaudet ubi imprimis Dominus residere Sabaoth.
Nunc divina domus, quæ tot laqueata tropæis
Imperii armiferos gestit narrare labores,
Flere triumphali luctu velata videtur.
Mortuus hâc sistit sacrâ statione viator.

Illic Relligio quæ vastis confovet alis
Terrarum Cœliquo simul magnalia cuncta,
Napoleonis amat cineri præbere supremum
Hospitium : benefacta duci sic mutua confert,
Qui templa undè Deus cum Sanctis fugerat exul
Reclusit, populum revocans ad sacra rebellem,
Tempore quo Cœlis ausa intentare ruinam
Impietas, funusque Æterno Inferna parabant.
Sic tibi tranquillis dabitur requiescere in umbris,
Napoleo, templumque silens velut altera fiet
Insula, quam circùm plebs plurima fluctuat, æstum
Oceani referens, vivisque admurmurat undis.
At tumulus, sicut solium indelebile, surget,
Undè tuæ exuviæ quas gloria, nescia mortis,
Relligioque sacrant ceu majestate perenni,
Urbe super magnâ sceptrum funebre resument.
Hùc vel ab extremis concurrent visere terris
Napoleontei decus immortale sepulcri.
Hùc cupidi reges memori reviviscere in ævo
Magnarum venient haurire afflamina rerum.
Gallicus heroæ miles contagia flammæ
Bellica suscipiet, tua mausolea videndo.
Et si quandò, minans nobis dementia vincla,
Exterus ingrueret patriis exercitus oris,
Quædam, digna novi quæ vibret Achilleos arma,
Dextra super feretro sopitum expergeret ensem,
Cujus fulgur adhuc acies percellere posset.
Tunc iter instaurans *Aquilæ*, victricibus alis,
Et solia evertens afflata canore tremendo,
Gallus, pennigerum fulmen, quocunquè volaret.
Ah ! caveant hostes ! sicut fumante favillâ
Velat qui vigilant intùs Vesuvius ignes,
Napoleonis inest cineri scintilla superstes,
Quæ si prosiliat, bellorum incendia longa
Conflagrare queant, correptaque regna crementur,
Ceu collustrantes regalia funera tædæ.
Usquè adeò, extincto duce, vivit fama perennis,
Auspice quâ contundet adhuc, nova Roma, superbos,
Atque giganteo procedens Gallia gressu
Immenso imperio totum amplexabitur orbem.

TÉLÉMAQUE LAFONT.

Foix, typographie et lithographie POMIÈS. — [illegible]

www.ingramcontent.com/pod-product-compliance
Ingram Content Group UK Ltd.
Pitfield, Milton Keynes, MK11 3LW, UK
UKHW012106240726
13965UKWH00004B/1569